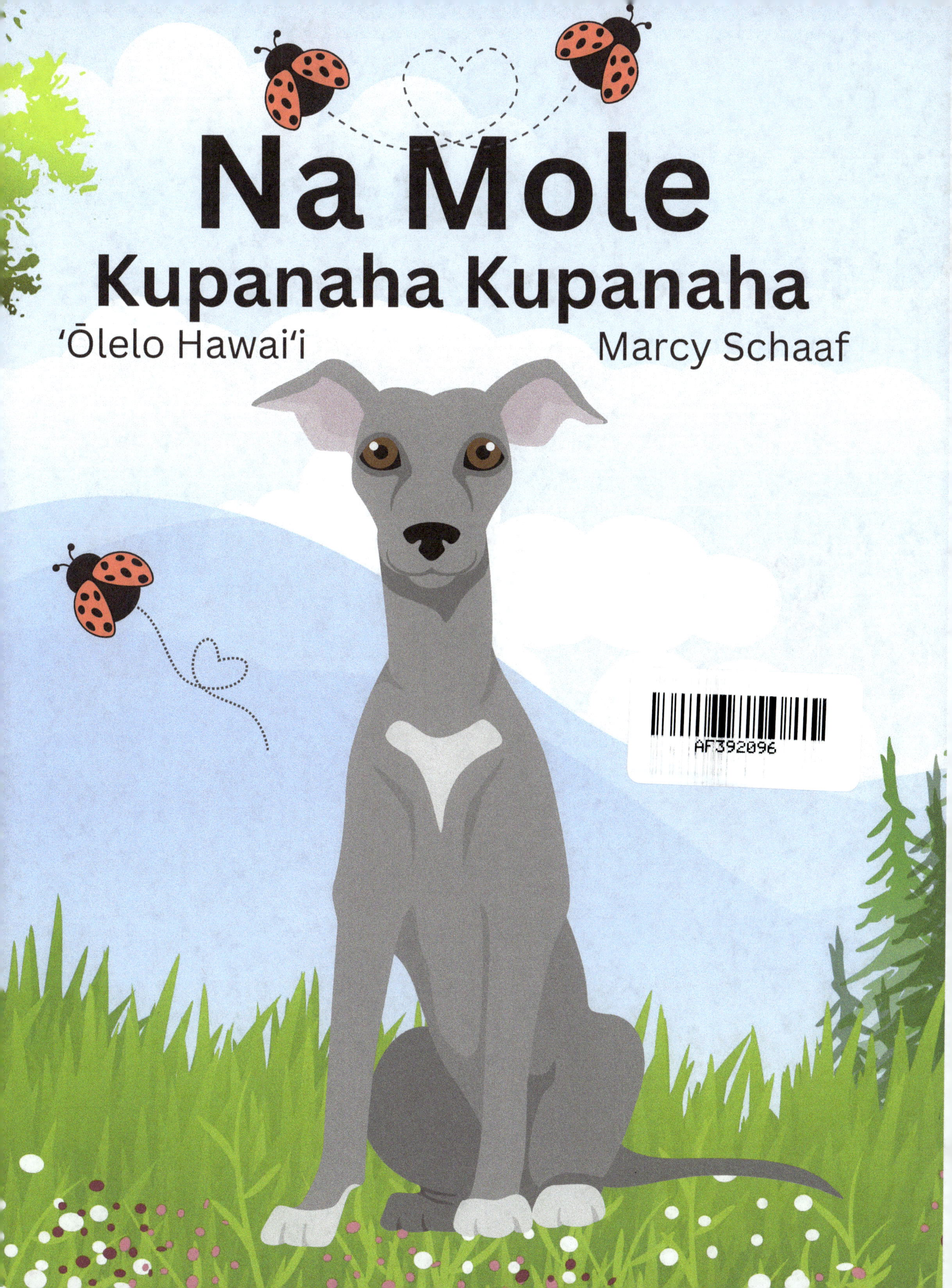
Na Mole
Kupanaha Kupanaha
'Ōlelo Hawai'i
Marcy Schaaf
AF392096

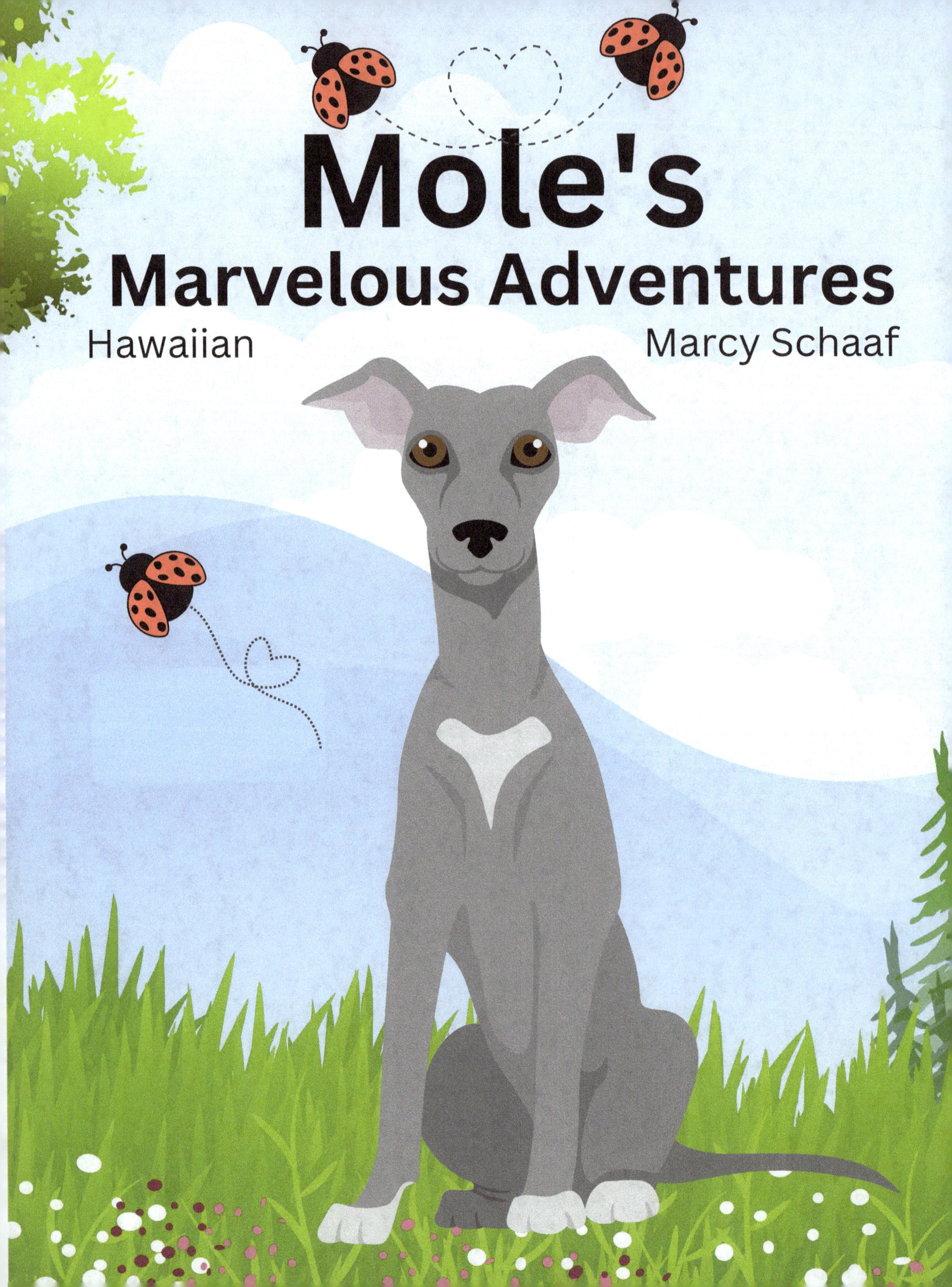

Mole's
Marvelous Adventures
Hawaiian
Marcy Schaaf

Welcome to the enchanting world of "Mole's Marvelous Adventures"! Join Mole, the spirited dog with a heart full of curiosity, as she embarks on a journey through a magical forest teeming with vibrant wildlife. Each turn of the page unveils a new encounter, a new friendship, and a new lesson, making this tale a celebration of the wonders of nature, the joy of discovery, and the magic of true friendship. Get ready for a delightful adventure that will warm your heart and inspire the little ones to explore the beauty that surrounds them. Welcome to a world where imagination knows no bounds, and every step is a step into the extraordinary!

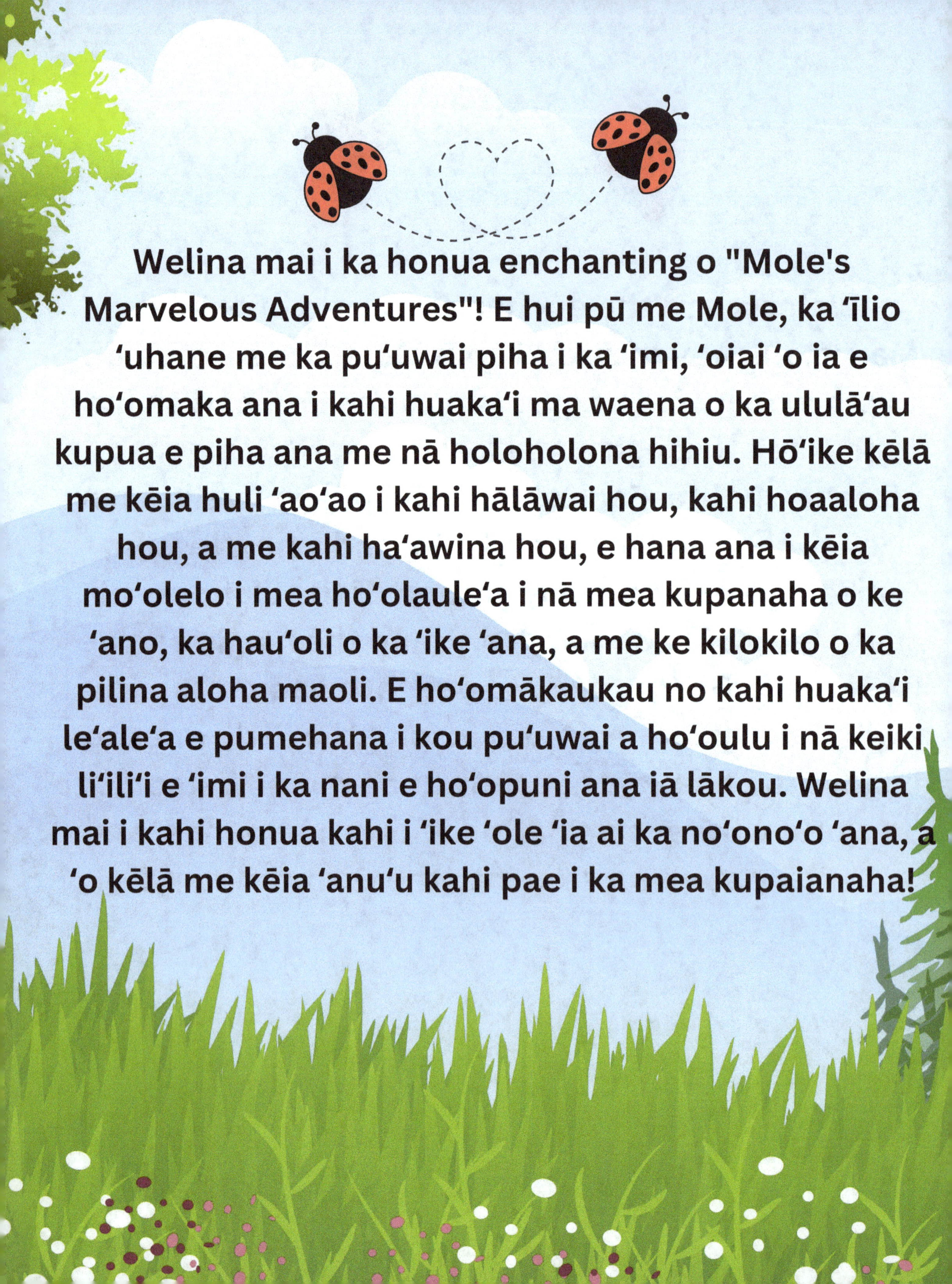

Welina mai i ka honua enchanting o "Mole's Marvelous Adventures"! E hui pū me Mole, ka ʻīlio ʻuhane me ka puʻuwai piha i ka ʻimi, ʻoiai ʻo ia e hoʻomaka ana i kahi huakaʻi ma waena o ka ululāʻau kupua e piha ana me nā holoholona hihiu. Hōʻike kēlā me kēia huli ʻaoʻao i kahi hālāwai hou, kahi hoaaloha hou, a me kahi haʻawina hou, e hana ana i kēia moʻolelo i mea hoʻolauleʻa i nā mea kupanaha o ke ʻano, ka hauʻoli o ka ʻike ʻana, a me ke kilokilo o ka pilina aloha maoli. E hoʻomākaukau no kahi huakaʻi leʻaleʻa e pumehana i kou puʻuwai a hoʻoulu i nā keiki liʻiliʻi e ʻimi i ka nani e hoʻopuni ana iā lākou. Welina mai i kahi honua kahi i ʻike ʻole ʻia ai ka noʻonoʻo ʻana, a ʻo kēlā me kēia ʻanuʻu kahi pae i ka mea kupaianaha!

Meet Mole, a curious dog with a wagging tail and a heart full of wonder.

E hui me Mole, he ʻīlio pīhoihoi
me ka huelo wili a me ka
puʻuwai piha i ka kahaha.

One sunny day,
Mole decided to explore the magical forest
near her home.

I kekahi lā lā, ua hoʻoholo ʻo Mole e makaʻala i ka ululāʻau kupua kokoke i kona home.

In the forest, Mole met Squirrel,
who taught her how to climb trees.

Ma ka nahele, hui 'o Mole me Squirrel,
āna i a'o iā ia i ka pi'i 'ana i nā kumulā'au.

Up, up, up they went,
laughing and playing among the
rustling leaves.

Piʻi, piʻi, piʻi lākou, ʻakaʻaka a
pāʻani i waena o nā lau ʻūhū.

Mole encountered Wise Owl,
who shared fascinating
stories of the moon.

Ua hālāwai 'o Mole me Wise Owl,
nāna i hō'ike i nā mo'olelo hoihoi o
ka mahina.

Under the moonlight,
Mole danced with Fireflies,
lighting up the night.

Ma lalo o ka mālamalama o ka
mahina, hulahula ʻo Mole me
Fireflies, e hoʻomālamalama ana i
ka pō.

Mole's journey continued to the riverbank, where she met Frog, the jumping champion.

Ua hoʻomau ka huakaʻi a Mole i kapa muliwai,
kahi i hui ai ʻo Frog, ka mea hoʻokūkū lele.

With Frog, Mole hopped and skipped,
creating ripples in the glistening water.

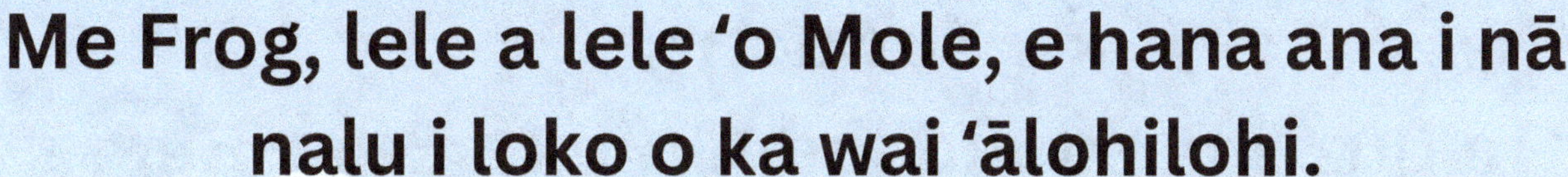

Me Frog, lele a lele ʻo Mole, e hana ana i nā nalu i loko o ka wai ʻālohilohi.

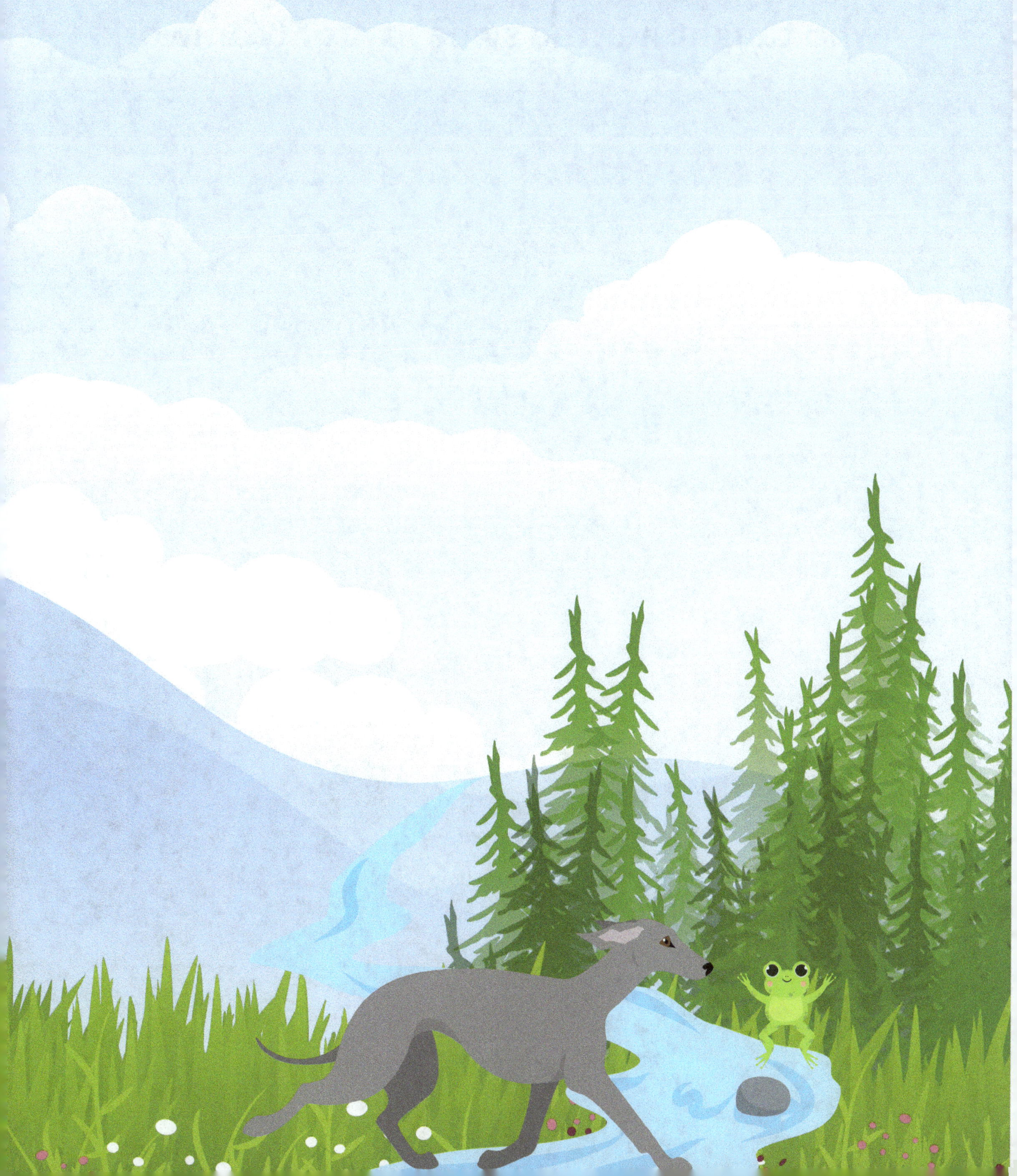

Suddenly,
a buzzing sound led Mole to Busy Bee,
who taught her the sweet art of teamwork..

ʻAʻole koke, alakaʻi ʻia kahi leo kanikau iā Mole
iā Busy Bee, nāna i aʻo iā ia i ke akamai o ka
hana hui.

Together,
they collected nectar and made delicious
honey under the warm sun.

ʻOhi pū lāua i ka nectar a hana i ka
meli ʻono ma lalo o ka lā mahana.

Mole's adventure took a twist
when she found herself face-to-face
with Sly Fox.

Ua loli ka huaka'i a Mole i kona
'ike 'ana iā ia iho he alo a he alo
me Sly Fox.

But with clever thinking,
Mole and Fox became fast friends,
playing hide-and-seek until the stars twinkled.

Akā, me ka noʻonoʻo akamai, ua
lilo ʻo Mole lāua ʻo Fox i mau
hoaaloha wikiwiki, e pāʻani ana i
ka peʻe a hiki i ka ʻātōhilohi ʻana o
nā hōkū.

As dawn approached,
Mole bid farewell to her new friends,
promising to return..

I ke kokoke ʻana o ka wanaʻao,
haʻi akula ʻo Mole i kāna mau
hoaaloha hou, me ka hoʻohiki
ʻana e hoʻi.

Back home,
Mole curled up in her cozy bed,
dreaming of the marvelous
adventures to come.

I kona hoʻi ʻana i ka home, ua ʻāwili
ʻo Mole i kona wahi moe ʻoluʻolu,
me ka moeʻuhane i nā hana
kupanaha e hiki mai ana.

The next day,
Mole set off on another adventure,
eager to explore and discover.

I kekahi lā a'e, ua ho'omaka 'o Mole i kahi huaka'i 'ē a'e, me ka makemake e 'imi a 'ike.

Through meadows and mountains,
Mole encountered Butterfly,
painting the world with colorful wings.

Ma o nā ululāʻau a me nā mauna,
ua hālāwai ʻo Mole iā Butterfly, e
pena ana i ka honua me nā ʻēheu
kala.

Together,
they created a masterpiece of beauty
and joy, spreading happiness all around...

Ua hana pū lākou i kahi haku
o ka nani a me ka hauʻoli, e
hoʻolaha ana i ka hauʻoli a
puni.

Mole's journey continued to a
mysterious cave,
where she met Grumpy Bear.

Ua hoʻomau ka huakaʻi a Mole i kahi ana pohihihi, kahi i hālāwai ai ʻo ia me Grumpy Bear.

With a kind heart and a ticklish side,
Grumpy Bear soon joined Mole's circle of
friends.

Me ka naʻau lokomaikaʻi a me ka ʻaoʻao ʻona, ua komo koke ʻo Grumpy Bear i ka pōʻai hoaaloha o Mole.

In the starry night sky,
Mole and her friends formed constellations,
telling tales of bravery and friendship.

I ka lani hōkū, ua hoʻokumu ʻo
Mole a me kona mau hoa i nā hōkū
hōkū, e haʻi ana i nā moʻolelo o ke
koa a me ka pilina.

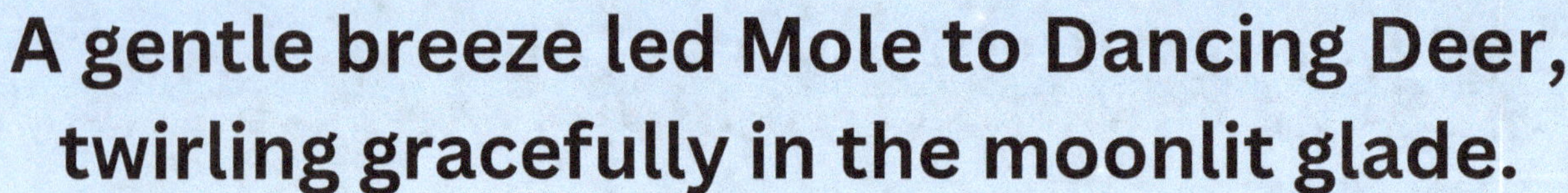

A gentle breeze led Mole to Dancing Deer,
twirling gracefully in the moonlit glade.

Ua alaka'i ka makani 'olu'olu iā Mole i ka
Dancing Deer, e wiliwili nani ana i ka 'ula'ula
o ka mahina.

Mole and Deer danced together,
celebrating the magic of nature
and the joy of friendship.

Hula pū ʻo Mole lāua ʻo Deer, e
hoʻolauleʻa ana i ke kilokilo o ke ʻano a me
ka hauʻoli o ka pilina.

As dawn broke,
Mole discovered a hidden garden where
Ladybug and Caterpillar
were planning a surprise..

I ka wana'ao, 'ike 'o Mole i kahi māla
huna kahi e ho'olālā ai 'o Ladybug lāua
'o Caterpillar i kahi pīhoihoi.

Mole joined the party,
feasting on sweet berries and dancing
under the blossoming flowers.

Ua komo ʻo Mole i ka pāʻina, e ʻai ana i nā hua ʻono a me ka hula ʻana ma lalo o nā pua e mohala ana.

With a full heart,
Mole thanked her new friends
and continued her journey.

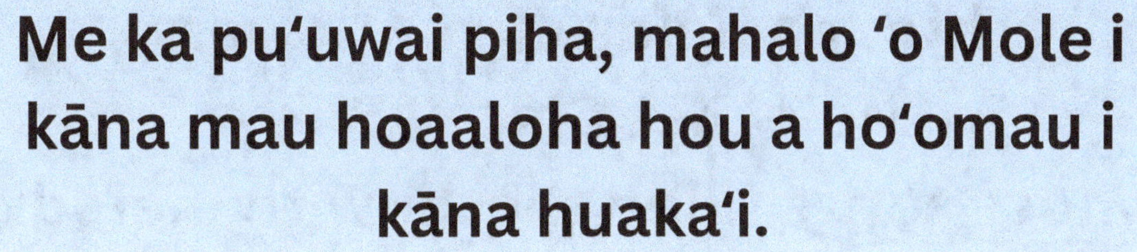

Me ka puʻuwai piha, mahalo ʻo Mole i kāna mau hoaaloha hou a hoʻomau i kāna huakaʻi.

Through fields of sunflowers,
Mole met Chirpy Bird,
whose songs filled the air with melody.

Ma nā māla pua lā, ua hui ʻo Mole me Chirpy Bird, nona nā mele i hoʻopiha i ka lewa me ke mele.

Mole and Bird sang together,
creating a symphony that echoed through the
enchanted forest..

Hīmeni pū ʻo Mole lāua ʻo Bird, e hana ana i kahi symphony e kani ana i loko o ka nahele kilokilo.

The forest whispered secrets to Mole,
guiding her to the ancient Tree of Wisdom.

Ua hāwanawana ka nahele i nā mea huna
iā Mole, e alaka'i ana iā ia i ka lā'au kahiko
o ka na'auao.

Beneath the wise old tree,
Mole learned valuable lessons about love,
kindness, and gratitude..

Ma lalo o ka lāʻau kahiko akamai, ua aʻo ʻo Mole i nā haʻawina waiwai e pili ana i ke aloha, ka lokomaikaʻi, a me ka mahalo.

Mole's adventures took her to
a sparkling pond,
where Friendly Fish welcomed her with
underwater games.

Ua lawe ʻo Mole iā ia i kahi loko iʻa
ʻālohilohi, kahi i hoʻokipa ai ʻo Friendly
Fish iā ia me nā pāʻani o lalo o ka wai.

With a splash and a giggle,
Mole and Fish explored the watery wonderland,
discovering hidden treasures.

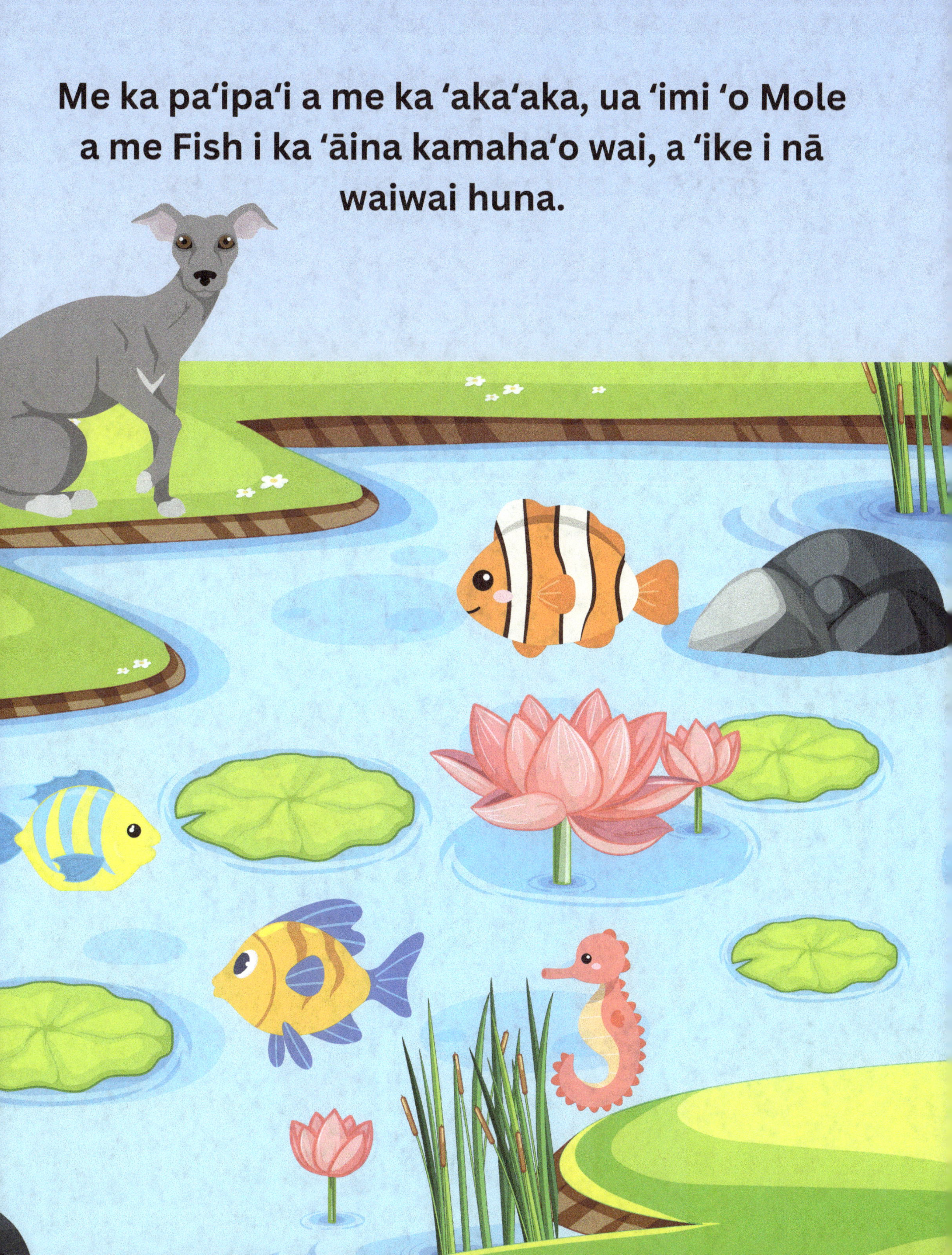

Me ka paʻipaʻi a me ka ʻakaʻaka, ua ʻimi ʻo Mole a me Fish i ka ʻāina kamahaʻo wai, a ʻike i nā waiwai huna.

Mole's heart swelled with happiness as she thought of all the friends she had met on her incredible journey.

Ua piha ka naau o Mole i ka hauoli i kona
noonoo ana i na hoaloha a pau ana i halawai
ai ma kana huakai kupanaha.

In the heart of the forest,
Mole found a cozy clearing where all her friends
gathered for a grand celebration.

I loko o ka puʻuwai o ka ululāʻau, ua loaʻa iā Mole kahi ākea ʻoluʻolu kahi i ʻākoakoa ai kona mau hoaaloha a pau no kahi hoʻolauleʻa nui.

With laughter and joy,
they shared stories, played games,
and danced under the twinkling stars.

Me ka ʻakaʻaka a me ka hauʻoli, kaʻana
like lākou i nā moʻolelo, pāʻani pāʻani, a
hula ma lalo o nā hōkū ʻālohilohi.

As the night came to an end,
Mole realized that the true magic was not just
in the forest but in the
friendships she had made.

I ka pau ʻana o ka pō, ua ʻike ʻo Mole
ʻaʻole i loko o ka ululāʻau wale nō ke
kupua ʻoiaʻiʻo akā i loko o nā hoaaloha
āna i hana ai.

With a heart full of love,
Mole curled up under the moonlit sky,
grateful for the many marvelous adventures
and friends that filled her days.

Me ka puʻuwai i piha i ke aloha, ua wili ʻia ʻo Mole ma lalo o ka lani mahina, me ka mahalo i nā hana kupanaha a me nā hoaaloha i hoʻopiha i kona mau lā.

Mole
The real life dog this story is about...
She's the biggest sweetheart and loves everyone

For more stores like this visit our website...
www.BooksBySchaaf.com

Children's books available in 10 languages

You may also like:
The Curious Cow Commotion
Bingo's Magical World
Reggy's on Restriction: A Pawsitive Change
Rory, The Rooftop Raccoon
Ducklings?
Jenny and the Fruit Fly Fiasco